AF221014

 To ask

● Escuchamos juntos la Palabra de Dios.

> Las bienaventuranzas son el carné de identidad de los cristianos
> y el programa para lograr la santidad".
>
> Papa Francisco

To stay

● Escuchamos "**Si conocieras cómo te amo**", de la Hermana Glenda.

Si conocieras cómo te amo…
dejarías de vivir sin amor.
Si conocieras cómo te amo…
dejarías de mendigar cualquier amor.
Si conocieras cómo te amo…
serías más feliz.

Si conocieras cómo te busco…
dejarías que te alcanzara mi voz.
Si conocieras cómo te busco…
dejarías que te hablara al corazón.
Si conocieras cómo te busco…
escucharías más mi voz.

Si conocieras cómo te sueño…
me preguntarías lo que espero de ti.
Si conocieras cómo te sueño…
buscarías lo que he pensado para ti.
Si conocieras cómo te sueño…
pensarías más en mí.

 To tell

Voy a buscar una ONG con la que pueda colaborar para aliviar
el sufrimiento de otros niños y niñas.

16 Las cartas de navegación

 ## To walk

- Buscamos en Wikipedia qué son "**las cartas de navegación**".

- Comentamos.

  Una carta naútica o de navegación es una representación a escala de aguas navegables y regiones terrestres adjuntas. Normalmente indica las profundidades del agua y las alturas del terreno, naturaleza del fondo, detalles de la costa incluyendo puertos, peligros a la navegación, localizacion de luces y otras ayudas a la navegación.

- Profundizamos.

  La carta de navegación del cristiano: **las Bienaventuranzas**

  Bienaventurados los pobres en el espíritu, porque de ellos es el reino de los cielos.

  Bienaventurados los mansos, porque ellos heredarán la tierra.

  Bienaventurados los que lloran, porque ellos serán consolados.

  Bienaventurados los que tienen hambre y sed de la justicia, porque ellos quedarán saciados.

  Bienaventurados los misericordiosos, porque ellos alcanzarán misericordia.

  Bienaventurados los limpios de corazón, porque ellos verán a Dios.

  Bienaventurados los que trabajan por la paz, porque ellos serán llamados hijos de Dios.

  Bienaventurados los perseguidos por causa de la justicia, porque de ellos es el reino de los cielos.

  Bienaventurados vosotros cuando os insulten y os persigan y os calumnien de cualquier modo por mi causa. Alegraos y regocijaos, porque vuestra recompensa será grande en el cielo, que de la misma manera persiguieron a los profetas anteriores a vosotros.

  Mateo 5,1-12

- Vemos el vídeo "**Ser feliz, la verdadera felicidad: Las Bienaventuranzas**".

To stay

● Escuchamos la Palabra de Dios.

Lectura del evangelio según san Lucas   **Lc 6,12-16**

En aquellos días, Jesús salió al monte a orar y pasó la noche orando a Dios. Cuando se hizo de día, llamó a sus discípulos, escogió de entre ellos a doce, a los que también nombró apóstoles: Simón, al que puso de nombre Pedro, y Andrés, su hermano; Santiago, Juan, Felipe, Bartolomé, Mateo, Tomás, Santiago el de Alfeo, Simón, llamado el Zelote; Judas el de Santiago y Judas Iscariote, que fue el traidor.

si eres pirata amigo... escucha mi Palabra

To tell

Ponemos nuestra vasija en un lugar privilegiado de nuestra habitación para que cada día, delante de ella, dediquemos un ratito a decirle a Jesús que lo queremos.

Piratas amigos
(SESIONES 1 — 2)

 ## To walk

- Escribe las pistas que vayas encontrando para que te ayuden a resolver el nombre de este personaje enigmático.

1 _____

2 _____

3 _____

4 _____

5 _____

6 _____

7 _____

8 _____

¿Quién es?

_____

_____

_____

To ask

● Escuchamos juntos la Palabra de Dios.

Lectura del evangelio según san Juan   Jn 20,26-29

(...) A los ocho días, estaban otra vez dentro los discípulos y Tomás con ellos.
Llegó Jesús, estando cerradas las puertas, se puso en medio y dijo:
—Paz a vosotros.
Luego dijo a Tomás:
—Trae tu dedo, aquí tienes mis manos; trae tu mano y métela en mi costado;
y no seas incrédulo, sino creyente.
Contestó Tomás:
—¡Señor mío y Dios mío!
Jesús le dijo:
—¿Porque me has visto has creído? Bienaventurados los que crean sin haber visto. (...)

No seas incrédulo... escucha mi Palabra

To stay

● Respondemos estas preguntas en silencio.

a) ¿Cómo puedo encontrarme con Jesús?

_____

_____

b) ¿Cómo puedo sentirlo?

_____

_____

Encuentro de Pascua

 ## To walk

● Dialogamos en torno a estas preguntas.

a) ¿Nos ha pasado alguna vez que teníamos un plan importante y se ha venido abajo? ¿Cómo fue?

b) ¿Alguna vez hemos sentido miedo por la incertidumbre de no saber qué puede pasar? ¿Cuándo?

c) ¿Nos hemos sentido juzgados, señalados o perseguidos por alguien? ¿Queremos contar la experiencia?

d) ¿Nos cuesta pensar que las cosas saldrán bien? ¿Por qué?

Segundo momento: *Conectados con la madre*

María confía en un Dios que cuida a su pueblo,
un Dios que es fiel y cuida de los más pequeños,
un Dios que se hace promesa entre nosotros,
que nos transforma e invita a convertirnos
y a ser humildes de corazón.

Ten siempre a María presente en tu oración,
pues ella va a interceder por ti ante Dios
y te ayudará siempre a entenderlo.

ORAMOS CON SENTIDO Y CON LOS SENTIDOS

Redacta aquí tu oración personal. Recuerda: habla con Jesús de manera sencilla, como lo harías con un amigo tuyo.

13 Tiempo para orar

To how

Quiero que sepas que la gente que ora no lo hace porque le sobre el tiempo, sino porque busca y saca ese tiempo. ¿Crees que a Jesús le sobraba el tiempo? ¿De verdad lo crees?

• Escuchamos juntos la Palabra de Dios.

Lectura del evangelio según san Lucas   Lc 5,15-16

Se hablaba de él cada vez más, y acudía mucha gente a oírlo y a que los curara de sus enfermedades. Él, por su parte, solía retirarse a despoblado y se entregaba a la oración.

Retírate... escucha mi Palabra

Primer momento: *¿Cómo de conectado te sientes con Jesús?*

El Señor siempre está "en línea" contigo. Él siempre te llama y, prueba de ello, es que hoy estás aquí. No te preocupes por tu "última conexión" porque lo fundamental es que ha existido esa conexión.

Hoy te has deshecho de todas las cosas que te tientan a "dejarlo en leído" y has decidido "escribirle". Y todo esto utilizando la fibra con más megas que pueda existir: la ORACIÓN.

¿Te animas a imaginarte una conversación con Jesús por Whatsapp? ¿Qué le dirías? ¿Qué crees que te respondería?

- Partes del sacramento de la Reconciliación

1. **Examen de conciencia:** Con paz y confianza en la misericordia de Dios, repasa cuáles han sido las faltas que has podido tener desde la última vez que te acercaste a este sacramento.

2. **Dolor de los pecados:** Es el arrepentimiento por no haber actuado del todo bien y la tristeza por no haber respondido al amor que Dios nos tiene.

3. **Propósito de enmienda:** Es la decisión firme de mejorar y de caminar en nuestra vida haciendo el bien, con la ayuda del Espíritu Santo.

4. **Confesión de los pecados:** Es el diálogo que mantenemos con el sacerdote, quien se convierte en instrumento de la misericordia de Dios.

5. **Absolución:** Imponiendo la mano sobre tu cabeza y trazando la señal de la cruz, el sacerdote nos regala la misericordia y el amor del Señor.

6. **Satisfacción:** Reconciliado con Dios y con la Iglesia, te comprometes a realizar lo que el sacerdote te propone: un tiempo de oración, una ofrenda, un servicio al prójimo...

 **To tell**

Escribimos en el póster de Jesús la frase:

GRACIAS JESÚS... TÚ CALMAS NUESTRAS TORMENTAS.

12 Cuando baja la marea

 To ask

● Leemos la Palabra de Dios.

Lectura del evangelio según san Lucas   Lc 8,22-25

Un día subió él a una barca junto con sus discípulos y les dijo:

−Vamos a cruzar a la otra orilla del lago.

Y se hicieron a la mar. Mientras iban navegando, se quedó dormido. E irrumpió sobre el lago un torbellino de viento, se hundían y estaban en peligro. Entonces se acercan a él y le despiertan, diciendo:

−Maestro, Maestro, ¡que perecemos!

Y él, despertándose, conminó al viento y al oleaje del agua, que se apaciguaron, y sobrevino la calma. Y les dijo:

−¿Dónde está vuestra fe?

Ellos, por su parte, llenos de temor y admiración, se decían unos a otros:

−¿Pues quién es este que da órdenes incluso al viento y al agua y lo obedecen?

Cuando baja la marea... escucha mi Palabra

To ask

- Recordamos la enseñanza de la historia del científico y su hijo.

Cuando arrancaste la hoja de la revista vi que por el otro lado había una persona. Di la vuelta a los trocitos que me diste y me puse a hacer el puzle por ahí, que sabía cómo era. Cuando conseguí arreglarla, di la vuelta a la hoja y vi que había arreglado el mundo...

¡Cambia tu corazón *y el mundo cambiará!*

To tell

Escribimos las actitudes que necesitamos cambiar para mejorar el mundo y las reflexionamos durante la semana.

11 ¡Ojo a las olas gigantes!

 ## To walk

- Si hemos vivido algún viaje accidentado compartimos nuestra experiencia en el grupo y destacamos qué hacía la gente en ese momento. Si, por suerte, no hemos vivido ninguna, escuchamos el audio y escribimos qué sentimientos nos surgen al pensar en estar sobre un barco durante un fuerte temporal.

 **To stay**

La oca de los evangelistas

SALIDA	1 San Marcos, escritor	2 San Mateo, recaudador	3 Jesús	4 Investiga	5 Prueba
17 Jesús	18 Investiga	19 ...evangelios	20 Prueba	21 Has muerto	6 Preguntas
16 San Lucas, el toro	META — Conoce a los evangelistas		22 Preguntas	7 San Lucas, el médico
15 Epístola de san Juan	26 San Mateo, el ángel	25 San Marcos, el león	24 Jesús	23 San Juan, el águila	8 San Juan, el pescador
14 Preguntas	13 Prueba	12 El pozo	11 Investiga	10 Jesús	9 Escribieron los...

 **To tell**

Nos comprometemos a leer el evangelio del día, en la biblia o en digital (ver QR),
y a escribir aquello que Jesús nos diga en ese pasaje o algo que yo quiera decirle.

10

Testigos de la aventura

(SESIONES 1 — 2)

 ## To walk

- Escribe aquí la información que habéis obtenido juntos en la *yincana de los evangelistas* para que la recuerdes siempre.

MATEO   MARCOS    LUCAS    JUAN

 ## To ask

● Escuchamos juntos la Palabra de Dios.

Lectura del evangelio según san Juan   Jn 1,35-39

Al día siguiente, estaba Juan con dos de sus discípulos y, fijándose en Jesús que pasaba, dice:
–Este es el Cordero de Dios.
Los dos discípulos oyeron sus palabras y siguieron a Jesús. Jesús se volvió y, al ver que lo seguían, les pregunta:
–¿Qué buscáis?

Ellos le contestaron:
–Rabí (que significa Maestro), ¿dónde vives?
Él les dijo:
–Venid y veréis.
Entonces fueron, vieron dónde vivía y se quedaron con él aquel día; era como la hora décima.

Soy tierra firme... escucha mi Palabra

 ## To tell

Pensamos en una persona a la que podríamos invitar al grupo Wasting el próximo curso y rezamos por ella la oración del Padrenuestro.

Jesús es... tierra firme

(SESIONES 1 — 2)

9

To walk

- ¿Cuál es la fecha más importante de tu vida? ¿Por qué?

To ask

- Escuchamos juntos la Palabra de Dios.

Lectura del evangelio según san Juan   Jn 1,29-34

Al día siguiente, al ver Juan a Jesús que venía hacia él, exclamó:
–Este es el Cordero de Dios, que quita el pecado del mundo.
Este es aquel de quien yo dije: "Tras de mí viene un hombre
que está por delante de mí, porque existía antes que yo".
Yo no lo conocía, pero he salido a bautizar con agua,
para que sea manifestado a Israel.
Y Juan dio testimonio diciendo:
–He contemplado al Espíritu que bajaba del cielo como
una paloma, y se posó sobre él. Yo no lo conocía, pero el que
me envió a bautizar con agua me dijo: "Aquel sobre quien veas
bajar el Espíritu y posarse sobre él, ese es el que bautiza
con Espíritu Santo". Y yo lo he visto y he dado testimonio
de que este es el Hijo de Dios.

Jesús es nuestro capitán... escucha mi Palabra

To tell

Nos ponemos como misión imitar a Juan Bautista y señalar con nuestras palabras,
con nuestro comportamiento y con nuestra oración a Jesús como guía y capitán para todos.

Jesús, nuestro guía

To walk

● Observamos este objeto y en silencio contestamos las preguntas propuestas.

1. ¿Qué es? _____

2. ¿Cómo funciona? _____

_____

2. ¿Dónde funciona? _____

JOSÉ. Vamos a arroparlo un poco más, a ver si se calma...

MARÍA. Le cantaré una nana para que se duerma.

ÁNGELES. (*Aplaudiendo y batiendo las alas entusiasmados*) ¡Ya están aquí los pastores!

(Los pastores se colocan a un lado del portal. Se van acercando con sus ofrendas y las entregan).

PASTOR 1 y **PASTORA 1.** Niño precioso, aquí te traemos esta mantita para que no pases frío en estas noches de invierno.

PASTOR 2 y **PASTORA 2.** Nosotros te traemos leche recién ordeñada, niño lindo, para que te la tomes de buena gana.

PASTOR 3 y **PASTORA 3.** Este pan está un poquito duro, pero con la leche te lo tomarás, seguro.

PASTOR 4. Zagalillo de mi corazón: yo, como vengo solo, te puedo ofrecer solo este ovillo de lana, pero es de mi mejor cordero, al que cuido con esmero.

ESTRELLA. ¡Los Reyes de Oriente ya están aquí!

(Los reyes entregan sus ofrendas poniéndose uno a uno de rodillas delante del niño Jesús).

MELCHOR. Yo soy Melchor. Te traigo este oro porque en esta tierra no hay mejor tesoro.

GASPAR. Yo, Jesús, soy Gaspar, y te ofrezco incienso para poder quemar.

BALTASAR. Yo soy Baltasar y esto es la mirra. No sé bien qué es, pero a mí me "pirra".

(Se escucha al niño Jesús sonreír).

TODOS JUNTOS. ¡Los niños y niñas de Wasting os desean a todos una feliz Navidad!

> **Llevamos a todas partes el espíritu de la Navidad para que el niño Jesús nazca en muchos corazones.**

• TERCER ACTO

(Entra en escena la estrella).

ESTRELLA. ¡Seguidme, yo os guiaré!

(Entran los tres reyes magos).

MELCHOR. Es largo el camino, ¿verdad?

GASPAR. Si, pero merece la pena.

BALTASAR. ¿Y dices que queda mucho? Tengo un dolor de riñones...

MELCHOR. La estrella va más despacio ahora, no sé por qué.

GASPAR. ¡Por allí se ve un claro sendero!

BALTASAR. ¡Preguntémosle a la estrella!

MELCHOR. ¡Mirad, parece que nos hace señales!

GASPAR. ¿Qué nos querrá decir?

BALTASAR. Señala el final del camino. Seguro que estará allí nuestro Señor.

MELCHOR. ¡Vamos, que ya queda poco! ¡Deprisa, no nos detengamos más!

• CUARTO ACTO

(Se abre el telón y aparece en escena, María, José y el niño Jesús, y detrás, la estrella a un lado y los ángeles a otro).

ÁNGELES. ¡Pronto llegarán los pastores!

ESTRELLA. ¡Los sabios de Oriente ya están llegando!

(El niño Jesús se pone a llorar muy fuerte).

MARÍA. El niño tiene un poquito de frío, José.

PRESENTADOR 2. Ya te digo… Anda, pues mira a estos pastorcillos que están pasando un frío que pela cuidando de sus rebaños. ¡Una pulmonía van a coger!

🎭 • SEGUNDO ACTO

(Se abre el telón y el segundo decorado es un campo con ovejas, de noche, similar a la imagen. Aparece en escena un grupo de pastores alrededor de un fuego).

PASTOR 1. ¡Qué buena noche hace hoy!

PASTORA 1. Un poquito fría, pero las estrellas brillan como nunca. ¡Qué maravilla!

PASTOR 2. Aquella que se ve por Oriente es la que más luce.

PASTORA 2. ¡Azuza el fuego, hombre, que voy a arrimar el puchero!

PASTOR 3. Sí, que ya tengo hambre…

PASTORA 3. Pues yo tengo aquí unos chorizos y un pan, que deben estar deliciosos. ¡¡¡Ummmm!!!

PASTOR 4. *(Se pone de pie y asustado dice)* ¿Qué es ese resplandor?

(Asustados, se echan todos a un lado y entra en escena dos ángeles).

ÁNGEL 1. Buenas noches, pastorcitos. ¡No os asustéis! ¡Os traigo una buena noticia!

PASTORA 4. ¿Qué quieres de nosotros?

ÁNGEL 2. Hoy es un día muy feliz.

TODOS LOS PASTORES. ¿Por qué?

ÁNGEL 1. Ha nacido el niño Jesús, nuestro Mesías, nuestro Señor. ¡Id a adorarlo!

(Cada pastor coge uno de estos objetos que están en el suelo: manta, leche, pan, ovillo de lana. Se levantan)

PASTORA 1. ¿Dónde debemos ir?

ÁNGEL 2. Al final de este camino encontraréis un pobre establo con un pesebre. Allí está nuestro Mesías. Es un niño recién nacido y se llama Jesús.

7 La Navidad, un gran regalo

(PRIMER Y SEGUNDO ACTO)

 • PRIMER ACTO

(Aparece el telón y por la puerta central, salen los dos presentadores).

PRESENTADOR 1. Muy buenas tardes a todos los presentes. Hoy os vamos a contar una historia....

PRESENTADOR 2. *(Interrumpiendo)* Sí, que ocurrió hace mucho, pero que mucho tiempo, en un país muy lejano...

PRESENTADOR 1. *(Interrumpiendo)* En Israel, ¿a que sí? Y que tiene como protagonistas a una joven pareja, llamados María y José.

PRESENTADOR 2. Mirad, por ahí vienen, vamos a conocerlos, que tendrán cosas interesantes que decirnos...

MARÍA. José, esposo mío, ¡qué cansada estoy! Me duele la espalda y los pies de tanto andar.

JOSÉ. Claro, María... Es que venir andando desde Nazaret hasta Belén es para cansarse; ya podrían haber inventado antes el coche.

MARÍA. Mira, vamos a preguntar en esta posada a ver si les queda alguna habitación para pasar la noche, pues creo que se acerca el momento *(María se pone la mano sobre el vientre abultado).*

POSADERO. *(Muy enfadado)* ¿Quién anda por ahí a estas horas? *(Se abre el telón).*

JOSÉ. ¿Tiene usted algún sitio en la posada para poder pasar la noche?

POSADERA. Pues va a ser que no... Lo siento mucho, hombre de Dios, pero es que no tenemos ni una cama libre para que podáis pasar la noche. ¡Está todo el mundo en Belén con eso del empadronamiento!

(José y María salen por el lado izquierdo y se corre el telón, apareciendo los dos presentadores).

PRESENTADOR 1. ¡Pues menos mal que encontraron un pequeño establo donde poder refugiarse del frío porque con la nochecita que hace! *(Se estremece de frío).*

To ask

- Escuchamos la Palabra de Dios.

Lectura del evangelio según san Marcos   Mc 13,33-37

Estad atentos, vigilad: pues no sabéis cuándo es el momento. Es igual que un hombre que se fue de viaje, y dejó su casa y dio a cada uno de sus criados su tarea, encargando al portero que velara. Velad entonces, pues no sabéis cuándo vendrá el señor de la casa, si al atardecer, o a medianoche, o al canto del gallo, o al amanecer: no sea que venga inesperadamente y os encuentre dormidos. Lo que os digo a vosotros, lo digo a todos: ¡Velad!

Estate atento ... escucha mi Palabra

To tell

- Leemos en familia la oración del encendido de la primera vela de nuestra corona de Adviento.

Encendemos, Señor, esta luz, como aquel que enciende su lámpara para salir, en la noche, al encuentro del amigo que ya viene. En esta primera semana de Adviento queremos levantarnos para esperarte preparados, para recibirte con alegría. Muchas sombras nos envuelven. Muchos halagos nos adormecen. Queremos estar despiertos y vigilantes, porque tú traes la luz más clara, la paz más profunda y la alegría más verdadera. ¡Ven, Señor Jesús!

To walk

- Mira estos objetos y piensa en silencio las siguientes preguntas.

- ¿Qué son estos objetos?

  _____

  _____

- ¿A qué nos ayudan?

  _____

  _____

- ¿Alguna vez te has despistado y has llegado tarde?

  _____

  _____

- ¿Para qué hay que estar preparado?

  _____

  _____

- ¿Qué tendrán que ver estos objetos con el Adviento?

  _____

  _____

To ask

- Escuchamos la Palabra de Dios.

Lectura del evangelio según san Mateo   Mt 25,35-40

Porque tuve hambre y me disteis de comer, tuve sed y me disteis de beber, fui forastero y me hospedasteis, estuve desnudo y me vestisteis, enfermo y me visitasteis, en la cárcel y vinisteis a verme". Entonces los justos le contestarán: "Señor, ¿cuándo te vimos con hambre y te alimentamos, o con sed y te dimos de beber?; ¿cuándo te vimos forastero y te hospedamos, o desnudo y te vestimos?; ¿cuándo te vimos enfermo o en la cárcel y fuimos a verte?". Y el rey les dirá: "En verdad os digo que cada vez que lo hicisteis con uno de estos, mis hermanos más pequeños, conmigo lo hicisteis".

Las mejores corrientes... escucha mi Palabra

To tell

- Hacemos una corona con papiroflexia (tutorial en el QR) y escribimos la famosa frase de "El Principito". También añadimos además todas esas cosas invisibles que forman el reino de Dios y que nos hacen ser mejor persona como, por ejemplo, la amistad, el perdón, etc.

Lo esencial es invisible a los ojos.

6

Las mejores corrientes

(SESION 1)

 ## To walk

● ¿Qué relación crees que significan estos objetos con Cristo Rey? Escríbelo debajo de la imagen.

To ask

- Escuchamos juntos la Palabra de Dios.

Lectura del evangelio según san Mateo   Mt 5,3-12

Bienaventurados los pobres en el espíritu, porque de ellos es el reino de los cielos. Bienaventurados los mansos, porque ellos heredarán la tierra. Bienaventurados los que lloran, porque ellos serán consolados. Bienaventurados los que tienen hambre y sed de la justicia, porque ellos quedarán saciados. Bienaventurados los misericordiosos, porque ellos alcanzarán misericordia. Bienaventurados los limpios de corazón, porque ellos verán a Dios. Bienaventurados los que trabajan por la paz, porque ellos serán llamados hijos de Dios. Bienaventurados los perseguidos por causa de la justicia, porque de ellos es el reino de los cielos. Bienaventurados vosotros cuando os insulten y os persigan y os calumnien de cualquier modo por mi causa. Alegraos y regocijaos, porque vuestra recompensa será grande en el cielo.

Somos bienaventurados... escucha mi Palabra

 **To tell**

CARNET DE PIRATA

Nombre:

Parroquia a la que pertenezco:

Compromiso personal:

Bienaventuranza que quiero cumplir:

5 ¿Estás dispuesto?

To walk

● Responde en silencio estas preguntas.

a) ¿Qué compromiso personal vas a tener este año?

_____

_____

b) Cuando te comprometes, ¿eres cumplidor? ¿En qué se nota?

_____

_____

c) ¿Cuáles son tus compromisos como cristiano?

_____

d) ¿Te aplicas el ejemplo de Jesús en tu día a día? ¿Cómo?

_____

_____

e) ¿Qué crees que hace una persona para ser santo o santa?

_____

_____

 To stay

Lectura del evangelio según san Mateo   Mt 16,24

Entonces dijo a los discípulos:
—Si alguno quiere venir en pos de mí,
que se niegue a sí mismo,
tome su cruz y me siga.

Oteamos el horizonte... escucha mi Palabra

To tell

Asumimos como compromiso esa actitud elegida por cada uno de nosotros
que iremos revisando a lo largo de las próximas semanas...

4 Oteamos el horizonte

 ## To walk

- Observamos detenidamente cada uno de estos emoticonos e intentamos adivinar a qué palabras se pueden referir.

 ## To ask

- Escribimos las cualidades que tenemos que potenciar en nuestra vida para parecernos más a Jesús.

_____

_____

_____

To ask

● Escuchamos juntos la Palabra de Dios.

Lectura del evangelio según san Mateo   Mt 14,25-33

A la cuarta vela de la noche se les acercó Jesús andando sobre el mar. Los discípulos, viéndole andar sobre el agua, se asustaron y gritaron de miedo, diciendo que era un fantasma. Jesús les dijo enseguida:
–¡Ánimo, soy yo, no tengáis miedo! (...)

Vive una nueva aventura... escucha mi Palabra

To stay

● Dios nos entrena y prepara para esta aventura a través de estos cuatro pasos:

1. Asistir presencialmente a nuestras **sesiones** de Wasting.
2. Ir a la **eucaristía** dominical.
3. Acudir al sacramento de la **reconciliación**.
4. Leer la **Palabra de Dios** durante la semana o los domingos.

To tell

Construimos un barquito de papel y escribimos en él cuatro actitudes para prepararnos y dar lo mejor de nosotros en esta nueva aventura.

3 Una nueva aventura

 ## To walk

● No solo podemos navegar en el mar, sino también a través de internet. Respondemos en silencio estas preguntas.

1. ¿Se puede evangelizar en las redes sociales?
   Si tu respuesta es negativa, justifica el motivo.
   Si es positiva, explica de qué manera.

   _____
   _____
   _____

2. ¿Conoces a algún *influencer* católico? ¿Cómo se llama?

   _____
   _____
   _____

3. ¿Se puede ser santo en internet? ¿Cómo?

   _____
   _____
   _____

 ## To ask

● Escuchamos juntos la Palabra de Dios.

Lectura del evangelio según san Marcos　　　Mc 6,7

Llamó a los Doce y los fue enviando de dos en dos, dándoles autoridad sobre los espíritus inmundos.

Soltamos amarras... escucha mi Palabra

 ## To stay

 ¿De qué actitudes nos queremos proteger para soltar amarras?	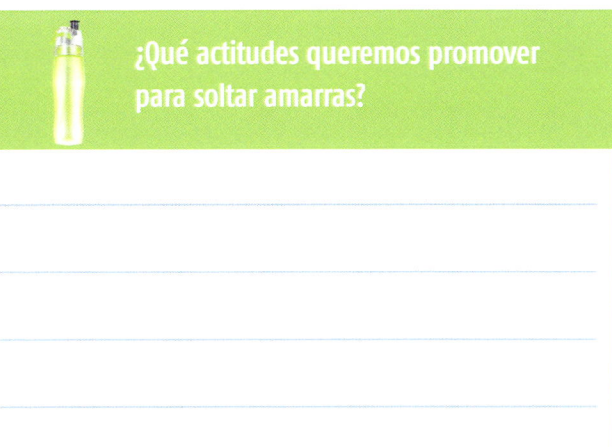 ¿Qué actitudes queremos promover para soltar amarras?

 ## To tell

El casco y la botella permanecen junto al cofre para recordarnos, durante todo el año, las actitudes que nos comprometemos a evitar y las que nos comprometemos a promover.

Soltamos amarras

(SESIONES 1 — 2)

 ## To walk

- Vemos juntos el anuncio de la Vuelta Ciclista a España 2019 con Purito Rodríguez y escribimos sus consejos.

1 _____

_____

2 _____

_____

3 _____

_____

 ## To stay

Nos empapamos
unos a otros
de la Palabra de Dios.

• Anotamos los compromisos y las normas del grupo para recordarlos y tenerlos en cuenta.

1 _____

2 _____

3 _____

4 _____

5 _____

6 _____

7 _____

 ## To tell

Voy a guardar mi trozo de esponja en un lugar visible de mi habitación
para recordar la importancia de dejarme empapar
por la palabra de Jesús en mi vida.

1 Nos vemos en cubierta

To walk

● Escuchamos "**Mi Palabra será como la lluvia**", de Nico Montero.

Mi Palabra

Mi Palabra será como
la lluvia que, al caer
desde el cielo,

empapa la tierra,
la hace fecunda,
la llena de vida.

En este comienzo de curso **Wasting** estamos dispuestos a dejarnos aconsejar, corregir, iluminar... empapar por la Palabra de Dios, colocada en el cofre de nuestro tesoro, para ser mejores personas.

To ask

● Escuchamos juntos la Palabra de Dios.

Lectura del profeta Jeremías Jr 17,7-8

Bendito el hombre que confía en el Señor,
y pone en el Señor su confianza.
Será como un árbol plantado junto al agua,
que alarga hacia la corriente su raíces;
nada teme cuando llega el calor,
su follaje se conserva verde;
en año de sequía no se inquieta
ni deja de dar fruto.

Sube a cubierta... escucha mi Palabra

To tell (T): Una vez que hemos encontrado nuestro tesoro, a Jesús, no nos lo podemos guardar para nosotros. No somos piratas egoístas, sino que deseamos contar y ofrecer a todos el gran tesoro que hemos descubierto: Jesús de Nazaret.

Como podrás observar, a estas cuatro letras (WAST) añadimos ING. Como ya sabrás, cuando en inglés usamos la terminación "ing" estamos indicando que la acción no acaba, que es continua, que siempre está en movimiento. Nunca podemos quedarnos parados.

No tengáis miedo. Será una travesía emocionante. Yo soy un gran capitán, experimentado en acompañar a muchos grumetes como tú en esta fascinante travesía. Para que me notes siempre cerca de ti, en esta carpeta encontrarás un cartón con mi figura. Ármalo y tenlo siempre contigo. Así estaré siempre cerca de ti.

Ah, olvidaba lo más importante, no temas fracasar en esta misión porque —y esto que quede entre nosotros— la misión no consiste en encontrar nosotros a Jesús porque él nos ha encontrado primero. Déjate amar y guiar por Jesús.

FIRMADO

Peter wasting

Bienvenida

¡En marcha, grumete!

Sí. Te he llamado "grumete". ¿Sabes por qué? Porque has aceptado la invitación a unirte a mi tripulación. Nuestra misión es clara: buscar y encontrar el tesoro más grande que se nos ha regalado: Jesús de Nazaret.

En esta travesía no navegamos solos. Estamos acompañados por vuestros catequistas, vuestras familias y la comunidad cristiana. Y, por si fuera poco, tenéis al mejor capitán de barco, me tenéis a mí.

Grumete, en este viaje tendremos todos que seguir una dinámica de trabajo. Yo la llamo WASTING. Esta es una palabra en inglés que significa "desgaste". Sí, vamos a desgastarnos cada día. Nuestra vida como cristianos implica desgastarse por los demás, entregar nuestra vida. Si te fijas bien, las cuatro primeras letras de "wasting" nos van a indicar cómo va a ser este desgaste:

To walk (W): En primer lugar, comenzaremos poniéndonos en marcha explorando nuestra propia vida. De esta manera, nos daremos cuenta de que todo lo que vamos a descubrir tiene que ver con nosotros, con nuestros intereses y preguntas, en definitiva, con nuestra felicidad.

To ask (A): Esta fase es muy importante pues tendremos que prestar atención a preguntas sobre nosotros mismos y sobre la vida que nos ayudarán a profundizar en nuestros anhelos, inquietudes... De esta manera, nos conoceremos mejor.

To stay (S): En este momento es cuando vamos dando alcance al objetivo de nuestra travesía: reconoceremos a Jesús presente entre nosotros, alentándonos, enseñándonos, animándonos a vivir como auténticos discípulos suyos.